CARIAD YW

CASI WYN

Cyhoeddiadau
barddas

© 2024 Casi Wyn / Cyhoeddiadau Barddas ©

Argraffiad cyntaf: 2024

ISBN: 978-1-911584-86-5

Cedwir pob hawl. Ni chaniateir atgynhyrchu unrhyw ran o'r cyhoeddiad hwn na'i gadw mewn cyfundrefn adferadwy na'i drosglwyddo mewn unrhyw ddull na thrwy unrhyw gyfrwng electronig, tâp magnetig, mecanyddol, ffotocopïo, recordio, nac fel arall, heb ganiatâd ymlaen llaw gan y cyhoeddwr.

Cyhoeddwyd gyda chymorth ariannol Cyngor Llyfrau Cymru.

Cyhoeddwyd gan Gyhoeddiadau Barddas.

www.barddas.cymru

Dylunio a Chysodi: Adran Ddylunio y Cyngor Llyfrau.
Celf Clawr: Rhianwen Williams.

Argraffwyd gan Y Lolfa, Tal-y-bont.

Cyhoeddiadau
barddas

I bawb a'm siapiodd

Dan gyffyrddiad cariad,
daw pawb yn fardd.

PLATO

CYNNWYS

PRIN	11
SARAH EVERARD	12
DAEARGRYN	14
CYFRI	15
MAE 'NHAD	16
CARIAD YW	17
CRYBWYLL	18
BRIANNA GHEY	19
GLAS	20
NEFOLION	22
TANAU EFROG NEWYDD	23
RALPH YARL	24
AMLEN	25
GWEITHRED NID GWEDDI	26
EMYN	28
TAID CARROG	29

ANGELO DEL DOLORE	30
HYDREF	31
DYMA FY ENW	32
BYD HUD A LLEDRITH YW HWN	34
CWMWL	35
RHYDDID	36
RIHANNA	48
DWYNWEN, WYT TI'N COFIO?	50
CERDDED GYDAG AMAL	51
FFENEST	52
WHATSAPPIO DUW	54
LLUNDAIN	57
TIR ABAD	58
MODRWY	60
NAIN	61
TYWOD	62
ADERYN	63

PRIN
I 'nghariad

Amser sy'n brin cyn i'r heulwen
ddychwel dros echel y bryn,
amser sy'n brin pan fo llwybrau
yn cyffwrdd a chroesi fel hyn.

Amser sy'n brin pan fo'r trenau'n
gadael y dref am y pnawn,
hoffwn gael caru heb docyn
a charu â'm cyfan, pe cawn.

Prinnach yw'r ennyd sy'n guriad,
dawns sy'n dadlennu rhwng dau,
ffarwél yw'r WhatsApp o gariad,
am y tro, cyn iddi hwyrhau.

SARAH EVERARD

Gadawyd blodau yn dy enw
mewn parciau
ac ar balmentydd.
Petalau
a'u lliwiau'n gofnod
o'r golled.
"Roedd ei dyfodol mor ddisglair
a hithau'n ddisgleiriach."
Adlais dy fam
wrth geisio dirnad –
ei galar yn ddagrau
o ddicter
a chariad.

Ond heno,
yn ein gwylnos,
mae dy enw'n lampau,
a gyda phob
"wyt ti wedi cyrraedd adref
yn saff?"

CARIAD YW

mynnwn lunio
llwybrau
lle nad oes ofnau
yn y gofod rhwng y
"dwi'n cychwyn"
a'r "wyt ti yno?" –
y gofod lle na chaiff
breuddwydion eu cipio,
y gofod hwnnw
lle bydd dy enw
yn fythol
flodeuo.

DAEARGRYN

Yn ystod yr anadl
pan ymddangosa dwylo bach
i geisio darn o'r awyr,
cawn gip o'i wyneb,
a gyda'r gwenu dryslyd,
mae'i ddrws yn agor
i olau dydd,
tra bod llwch
yn britho gwallt ei ffrindiau
cyn iddynt fedru
tyfu'n hŷn.

CYFRI

Mae rhai yn cyfri blwyddyn
ym modrwyau crwn y coed,
ond gwn imi dy garu
a hynny ers erioed.

MAE 'NHAD

"Any father who is defending his land isn't a terrorist."

Merch o Balestina yn ymateb i golli ei thad mewn ymosodiad terfysgol ym mis Mai 2023.

Mae 'nhad yn ceisio'i orau
i warchod darn o dir,
mae 'nhad yn ceisio'i orau
i garu'r hyn sy'n wir.

Mae 'nhad yn ceisio'i orau
i blannu blodyn hardd,
mae 'nhad yn ceisio'i orau
i adeiladu gardd.

Mae 'nhad yn ceisio'i orau
i ganu o blaid byw,
mae 'nhad yn dal i gredu
yn naioni dynol-ryw.

CARIAD YW

Medd rhai mai camp yw'r cread
a gwyrth yw'r glöyn byw,
medd rhai mai perl yw'r lleuad
ond gwn mai cariad yw.

Medd rhai mai aur yw'r heulwen
a glân yw'r nodau gwiw,
medd rhai mai oer yw'r gaeaf
ond gwn mai cariad yw.

Medd rhai mai dim ond anrhefn
sy'n gyrru'r llong a'r llyw,
ond gwn ym moroedd teimlad
mai cariad ydyw Duw.

CASI WYN

CRYBWYLL

Ar ôl sylwi ar y sgwaryn lleiaf un yn crybwyll yr Eisteddfod Genedlaethol yn Culture Magazine, The Sunday Times *yn dilyn Eisteddfod Genedlaethol Llŷn ac Eifionydd, 2023.*

Dyfrhau diwylliant
i dicio bocs,
sgwaryn bychan,
rhyw awgrym o fywyd
ym Moduan.

BRIANNA GHEY

Briallen deg
yng ngwanwyn ei bywyd,
Brianna,
y ferch a fynna
siapio
trywydd o hwyl
a dedwyddwch –
yn bont o enfys
dros ddifaterwch.

Y düwch âi heibio
mewn amser,
ond ei lliwiau –
ei lliwiau hi
sy'n aros.

GLAS

Glas yr hwyr,
glas y gwawrio,
glas yr hiraeth
nad â'n ango'.

Glas hen gyfaill,
glas y nosi,
glas edifar,
glas tosturi.

Glas yr awen,
glas y geiriau,
glas tawelwch,
glas y beiau.

Glas hen obaith
nad yw'n gwywo,
glas sy'n felys
glas sy'n tanio.

CARIAD YW

Ynddo nofiaf
heb ymwrthod,
rhof fy nghyfan
cyn fy narfod –
ac am ennyd yno byddaf,
yn un â'r awyr
las amdanaf.

NEFOLION

Ar ddiwrnod oera'r flwyddyn
a'r gaeaf yn y pridd,
mi deimlaf freichiau cariad
yn gafael ynof fi.

Wrth i'r haul euro'r cudynnau
fel afon am fy mhen,
nefolion ymddangosa
i gyfeiliant telyn wen.

Mae nhw'n estyn gyda'i dwylo,
mwytho 'ngwallt â chrib y gwynt,
hollti aur dros hen weddïau
a chanu cân i'r amser gynt.

TANAU EFROG NEWYDD

Yn dilyn haf chwilboeth 2023 a'r ddinas
yn troi'n fwg.

Pa werth
arwyddion sy'n fflachio,
a chyfoeth
sy'n gyrru dyn o'i go' –
pan fo tanau'n rhuo
a chrombil
daear
yn wylo?

Efrog Newydd,
dinas-byth-ynghwsg,
ond hi sydd
eto i ddeffro.

RALPH YARL

Pwy fentra ganu'r gloch
pan fo gwn yn llaw dy frawd,
pwy fentra golli'r ffordd
os mai bwled yw dy ffawd?

Pwy fentra rodio'n rhydd
pan fo dwrn yn dynn fel dur,
pwy fentra wenu pan
fo'r ysgrifen ar y mur?

Pwy fentra bod yn fyw,
pwy fentra garu'n ddwys,
pwy fentra bod yn ddu
os nad yw bywyd du o bwys?

AMLEN

Daeth amlen drwy'r post imi heddiw,
a'i chynnwys oleuodd fy nydd,
sibrydodd yr angel ei neges
gan lenwi fy nghalon â ffydd.
Daeth teimlad bod rhywbeth yn rhywle
yn tywys fy nhrywydd a'm gwaith,
yn gwarchod fy hanfod a'm calon,
yn llunio fy natur a'm taith.

GWEITHRED NID GWEDDI

Yn dilyn achos o saethu mewn ysgol gynradd yn America.

Dim ond plant
ar drothwy
eu hieuenctid.
Pensel mewn un llaw
a llyfr yn y llall,
ond heddiw
rhwygwyd
pob pennod
o gloriau brau
eu bywyd,
ac mewn ennyd,
mae calon
a gwên
yn diffodd.

Bydd yr ysgol
yn ailagor yfory,
ac fe awn ninnau 'nôl

i drafod
beth sydd i swper,
siopa am ddilledyn
cyn postio, yn sydyn,
mymryn
o sgwaryn
ar ein Instagram –
i ddangos ein bod,
am funud,
yn malio.

EMYN

Agor fy nghalon pan fydda i'n llwm
a dysg i'm dawelu f'ofnau,
doethineb dy heddwch a ro imi'r nerth
i orffwys yng nghuriad dy donnau.

Estyn dy ddwylo pan fydda i'n brudd
yn boddi mewn môr o ofidiau,
llunia y llwybr sy'n 'mestyn yn syth
o'th galon i 'nghalon fach innau.

Fy nghartref sy'n gorffwys yn nyfnder dy fod
a 'nghorff sydd un â'th dymhorau,
f'enaid sy'n ildio fel gwawrddydd yr haf
wrth ddyfod yn nes atat tithau.

TAID CARROG

I ble'r awn ni, Taid?
Yng nghanol helbul byd?

I ble'r awn ni, Taid?
Pan nad oes gobaith byw ynghyd?

I ble'r awn ni, Taid?
Pan aiff y byd o'i go'?

"Ewch Rhagddoch, Ewch Rhagddoch."

Ewch Rhagddoch,
medda fo.

ANGELO DEL DOLORE

Cerflun William Story ar fedd ei wraig ym mynwent Brotestanaidd Rhufain. Yno hefyd gorffwysa'r beirdd Keats a Shelley.

Yn ei chwman
wyla angyles flinedig
a'i hadenydd
disymud
yn gwarchod ei dagrau
rhag y byd.

HYDREF

O fis lliw'r aur,
rho i'm dy hedd a'th alaw dlos felynaf,
i'm swyno draw o des yr haf
i lawnder y cynhaeaf.

O fis lliw'r aur,
dy awel sydd yn arwydd bod rhyw droad,
yn gylch tymhorol trwm ei gwsg,
yn unol â'n deffroad.

O fis lliw'r aur,
fe rof fy mhen ar liwiau dy obennydd,
a gorffwys eto gyda'r dail
hyd eni gwanwyn newydd.

DYMA FY ENW

"I have seen kids write their names on the palms of their hands, because when they die they want people to know who they are."

Gweithiwr cynorthwyol gyda Medical Aid for Palestinians yn siarad o Gaza.

Ysgrifennaf lythrennau fy enw
ar fy mysedd,
hyd fy ngarddwrn,
dyma'r enw a roddwyd arnaf
gan fy mam,
a'r enw a roddwyd arni hithau
gan fy nain,
a'r enw a roddwyd ar fy nain
gan bob un a ddaeth
o'm blaen.

Dywedodd Nain unwaith
bod fy enw fel arogl bara,
a bod clywed sŵn
pob sill
fel stori dda.

CARIAD YW

Ysgrifennaf lythrennau fy enw
ar fy mysedd,
hyd fy ngarddwrn,
dyma'r enw a roddwyd arnaf
gan fy mam,
a'r enw a roddwyd arni hithau
gan fy nain,
a'r enw a roddwyd ar fy nain
gan bob un a ddaeth
o'm blaen.

Os dewch chi o hyd imi,
dyma fy enw.

BYD HUD A LLEDRITH YW HWN

"The Walt Disney Company pledges $2 million for humanitarian aid in Israel."
Tra bod dŵr, trydan a bwyd wedi eu rhwystro rhag cyrraedd Gaza.

Peidiodd y dŵr,
gwywodd y rhosyn,
toddodd yr eira'n lludw –
ac er i'r hogyn bach
erfyn,
ac erfyn –
daeth na'r un
o dylwyth teg
teyrnas Disney
i'w ganlyn.

Buodd Hamza farw heddiw
wrth alaru am ei fam
a'i freuddwydion.

CWMWL

Dau alarch
fel cariadon yn cyfarch,
eu gweld nhw yn ffurfio
ac yn eu noswylio,
meddalu fel hyn –

cyn dychwel yn dawel
i'r cwmwl mawr gwyn.

RHYDDID

Casgliad o farddoniaeth i'w pherfformio a geir yma. Ysgrifennwyd yn wreiddiol ar gyfer cynhyrchiad syrcas theatrig rhwng Eisteddfod Genedlaethol Tregaron a Gorilla Circus, 'Dadeni'. Dyma'r Eisteddfod gyntaf i gael ei chynnal ers diwedd y cyfnod clo.

RHAN I
DYCHWELYD

Down,
mi ddown yn ôl,
dychwelyd at yr arferol.
Gweld yr un wynebau,
prynu *Golwg*,
llyncu'r lol,
newyddiaduraeth ffôl
ein lleisiau diddychymyg,
a cheisio gwên i'r hanner ffrindiau
sy'n ymddangos
o dro i'w gilydd
ar wefannau cymdeithasol,

a'n traed yn llusgo
wrth grwydro
meysydd mwdlyd
ein mynwentydd.

Mae garddwrn sawl un
yn gaeth i'r cyffion.
Melltith
ynteu fendith
ydi croes y diwylliedig?
Cell
ynteu adenydd
ydi'r alaw fendigedig?

Côr ar ôl côr
yn canu am frwydrau
a phethau
ddigwyddodd
yn 1282.
Does neb gwell
na'r Cymry
am ddal dig,
malu awyr
am dywydd pig.

Gweld rhywun
ben pella'r cae –
cam chwim i'r dde
tuag at y toiledau.

Pawb yn gloddesta
mewn iaith frau.

Cludwch fi o fan hyn,
o bwll
yr hen gariadon,
y peintiau gweigion,
gwisgoedd gwirion
eich archdderwyddon.

Cludwch fi o fan hyn,
o'r siarad dwys
a'r teimlo'n gryf
am y dim-byd-o-bwys.
Dwi wedi blino
ar y gor-ramantu,
am gynnal rhyw freuddwyd
am y Gymru a fu.

RHAN II
SYMUD

Ond yng nghanol y rhialtwch
caf gip
ar rywbeth gwydn.
Yn sydyn
daw tonnau atgofion
bod harddwch hon
yn ffordd o weld,
yn ffurf
o fwynhad,
a bod egin
traddodiad
yn rhan
o 'ngwead.

Hon sy'n plannu ynof
goeden amrywiaeth,
blodau celfydd
sy'n creu gerddi'r
ymennydd.

CASI WYN

Yn wir,
does dim byd tebyg
i'r bobl
a'r straeon,
a diddanwch cyson
ei throeon
sy'n creu llwybrau
ac yn estyn tu hwnt
i hyd y ddôl,
sy'n estyn yr holl ffordd
i'r galaethau
dros draethau
a bryniau.

Daria,
dwi'n eistedd 'nôl
ac yn edrych ar y syrcas
sydd o 'nghwmpas –
miri Iolo Morganwg
a chenhedlaeth fy rhieni.
Nid dewis bod yma o 'ngwirfodd
'nes i
ond gorfod mynychu
rhag ofn imi bechu.

Dwi'n deffro eto,
yn callio,
gwawdio,
stampio 'nhraed –
rebelio.
Ond y teimlad o berthyn
sy'n parhau
i 'mlino.

Anadl ddofn.
Mae disgwyliadau cenedl
yn pwyso arnaf
ers cyn cof,
a minnau'n ceisio
dianc
o'i chrafangau
ers tro.

Dwi am gael blasu
popeth
sydd tu hwnt i'w ffiniau hi.
Dwi'n mynd am Maes B
yn dawnsio i rythm,

magu ffydd
yn y nodau
newydd
lle nad oes rheolau.

Efallai'n fan hyn
y gwelaf y golau –
bod mwy i'r Eisteddfod,
bod mwy i Walia
na hen feddylfryd.

Ai *fan hyn*
mae'r dadeni
ym mwrlwm
ieuenctid,
yn y sgwrsio,
yr arloesi
a'r cysylltu?

A dyna wrthdaro
sawl un ddaeth o 'mlaen i.
Mae hi'n eiddo iti,
mae hi'n eiddo imi.
A chwestiwn Gwenallt
sy'n dal i hel llwch:

"Paham y rhoddaist
 inni'r tristwch hwn
 a'r boen fel pwysau plwm
 ar gnawd a gwaed?"
Fy iaith a'm gŵyl
ar ein hysgwyddau fel iau,
a'i thraddodiadau'n hual
am fy nhraed.

Ond os am newid,
rhaid i minnau newid hefyd.

RHAN III
ESGOR

"Rydyn ni jest yn trio newid y ffordd mae pobl yn edrych ar yr iaith achos mae'r iaith hyn yn prydferth, so, gawn ni cael bach o sain am yr iaith Cymraeg?" Y rapiwr Dom o ddeuawd Dom & Lloyd ar lwyfan Tafwyl, haf 2022.

Drwy'r rhygnu,
y crymu
a'r mygu
mae ei rhyddid hi
yn byw ynot ti,
yn byw ynof fi,
yn anadlu
ym mhob un ohonom.

Yn y geiriau mân
rhwng yr atalnodi,
yn y dweud mawr
ac yn y tewi,

ym mrys ei llythrennau,
yn oedi ei brawddegau,
mae hafan
i bob un,
ac ystyr fy mywyd
sy'n gorffwys
yn ddedwydd
rhwng yr hen a'r newydd,
rhwng hunllef a breuddwyd.

Mae hi'n eiddo i ti,
yn eiddo i mi,
i'w rhannu
a'i pherchnogi
mi deimlaf
ei dadeni.

Clywaf grafangau Cymru
yn dirdynnu'n fy mron,
ac am y tro cyntaf,
dwi'n dewis peidio
dianc
rhag hon.

Ysgyfaint fy ngwlad
sy'n gerdd
o ryddhad,
a'i hiaith sydd yn groeso
fel englyn yn dawnsio,
ein soned sy'n suo,
a phob un cynghanedd
sy'n estyn trugaredd
at boenau'n gorffennol.

Dyma'r *presennol*,
ynghyd mae modd pwytho
lliniaru
a mwytho
y mannau sy'n brifo,
y straeon sy'n udo
yng ngriddfan ein hanes.

Felly dyma'n haddewid
i'w charu'n dragywydd,
drwy'r heulwen
a'r stormydd,
yn ei hiwmor
a'i cherydd,

mi safwn a chwerthin
yng ngherdd dant ein nentydd,
a chydadrodd ein bröydd
wrth i ninnau oll
ddod at ein gilydd
i esgor ar
ein Cymru newydd.

"Tra bo cyw i'r ddeuryw'n ail ddeori
 Ni bydd i ffydd gael ei ddiffoddi,
 Bydd gŵr diorffwys
 Yn torri cwysi
 Ac yn y gleien bydd og yn gloywi,

 Bydd gwanwyn a bydd geni'n dragywydd,
 A'r glaw o'r mynydd yn treiglo'r meini."

Dic Jones

RIHANNA

Duwies,
dewiswyd hon
gan ryw ryfedd hud
i arwain dawns,
gras
a golud.

Diymdrech ei chŵl,
ei chwarae,
a'i churiad,
ei choch
yw'n campwaith!
A'n dyhead.

Dyma lais
sy'n fôr o gariad,
a'i symud urddasol
yw'r dwyfol
Ddyluniad.

Brenhiniaeth!
A chymaint mwy na
+ 1 i A$AP.
Moesymgrymwn,
codwn wydryn,
canys Hon yw
Rihanna.

DWYNWEN, WYT TI'N COFIO?

A glywi di gri hen gariadon gyda'r gwynt?
A glywi di amser yn rhedeg ar ei hynt?

A glywi di'r plentyn yn galw am ei Dduw?
A glywi di'r rhiant yn amau beth yw byw?

A glywi di'r wylo am ddyddiau gwell i ddod?
A glywi di'r ymbil am droad yn y rhod?

A glywi di'r gwanaf yn ymladd am eu ffydd?

Dwynwen, wyt ti'n cofio
mai dim ond cariad sydd?

CERDDED GYDAG AMAL

*Pyped dros 3 metr o hyd a dywysir drwy
ddinasoedd yw Amal. Mae'n rhan o fenter celf
weithredol a'r nod yw "tanio golau ar botensial
ffoaduriaid, yn hytrach na chanolbwyntio ar
dywyllwch eu sefyllfa". Amal yw'r gair
Arabeg am obaith.*

Mwy na phypedwaith
a mwgwd,
mwy na chamau
maith ei choesau
pren,
yw gorymdaith y ferch
geisiodd ddianc
o'r hunllef
i fynnu lloches
a'i alw'n gartref.

FFENEST

Dwi'n cyfri'r dagrau gyda fy mysedd,
maen nhw'n syrthio,
un
bob
yn
un,
ar ruddiau fy ffenest.

I ble maen nhw'n mynd, tybed?
Ar daith yr anwybod
heb ddechrau
na diwedd.

Diferion harddwch,
diferion tristwch,
diferion arafwch,
diferion heddwch
yn batrwm diogel,
a'u dawnsio
yn dawel.

Dwi'n cyfri'r dagrau gyda fy mysedd,
maen nhw'n syrthio,
un
bob
yn
un,
ar ruddiau fy ffenest.

I ble maen nhw'n mynd, tybed?
Ar daith yr anwybod
heb ddechrau
na diwedd.

CASI WYN

WHATSAPPIO DUW

"Wele rith fel ymyl rhod – o'n cwmpas
　　Campwaith dewin hynod,
　　Hen linell bell nad yw'n bod,
　　Hen derfyn nad yw'n darfod."

Dewi Emrys

Yng nghanol helbul byd,
y sŵn a'r miri sydd
yn cadw pawb yn effro,
yn gyrru pawb o'u co',

dwi'n diffodd sgrin fy ffôn
i geisio teimlo'n fodlon,
ond llifo mae'r newyddion
bod yr ardd a oedd gynt
mor ffrwythlon
yn brifo drwyddi draw,

ein daear
a'i haelioni
yn ei dagrau
yn llosgi,

a phrin ydi'r tosturi
'dan ni'n ddangos tuag ati.
Faint o *likes* gafodd fy *selfie*?
Pwy sy'n llithro i'n DMs i?

Rho i'm ffilter,
rho i'm Tinder,
rho i'm *thinner*,
rho i'm Twitter,
rho i'm rywbeth ond y gwir,
gad mi lyncu'r gwenwyn
tra bo'r gwenyn mân yn erfyn
am ein sylw,
am ein gofal,

mae gardd Eden yn gwywo
a'i chyfoeth bron yn ango' –
ond *fuck it,*
pwy sy'n gwrando?

Dwi'n WhatsAppio Duw:
"*Hey*, wyt ti dal yn fyw?"

fy mugail,
fy ngheidwad
fy niwedd a'm dechreuad.
"Hey, wyt ti dal yn fyw?"

Dwi ddim yn clywed 'nôl,
dyma sefyll ar fy nhraed,
does dim gwerth canu emyn
os nad oes cariad yn y gwaed,
dileu fy aps i gyd,
lawrlwytho bach o ffydd,
mae pris gwerthu dy enaid
i dechnoleg yn un drud.

Na, dwi ddim yn clywed 'nôl,
dyma sefyll ar fy nhraed,
does dim gwerth canu emyn
os nad oes cariad yn y gwaed,
dileu fy aps i gyd,
lawrlwytho bach o ffydd,
mae pris gwerthu dy enaid
i'r diafol yn un drud.

LLUNDAIN

Lôn fach dawel
yn yfed y glaw,
a sŵn ei phitran phatran
yn cadw'r bobl draw.

TIR ABAD

Tŷ Nain

Pob bore llifa'r llenni'n las.

Ryw las golau heb ei debyg,
yn feddalach glas
na holl lasau'r byd
i gyd yn grwn.

A thrwy ddrysau gwydr
y cwpwrdd bach,
camu wnaf
i Narnia Pentrefoelas,
at y Llwynog Coch
a'r Tylwyth Teg,
at fugeiliaid porslen
ardal Uwchaled.

Ar fy ngliniau,
yn fan hyn,
dyma freuddwydio'r
straeon gorau,

dim ond hogan fach
yn trin fy achau
dros erwau ac erwau
o ffrwyth
fy nghyn-neiniau.

Ac er bod y cwpwrdd
heddiw ynghau,
o dro i dro,
dychwelyd wnaf innau
drwy ddrysau gwydr
y cwpwrdd bach,
darn o Narnia Pentrefoelas.

MODRWY

Yn alaw braf sy'n lleddfu,
f'arafu rhag y brys,
yn goflaid gain a chynnes
o gariad am fy mys.

Fel rhimyn mân o arian
sy'n dawnsio ar fy llaw,
fe'i teimlaf yn fy ngwarchod
pa bynnag beth a ddaw.

Ei llawnder sy'n esmwytho,
taenu golau ar fy mron
a'i therfyn lle bo'i dechrau,
anfeidroldeb modrwy gron.

NAIN

Mae hiraeth amdani ym mhob man yr af,
ond o'i chofio fe dry pob un gaeaf yn haf.

TYWOD

Hen dywod traethau ddoe
yn tywallt o fy esgid,
dafnau mân o gariad
yn llunio hen addewid.

Pob gronyn sydd â'i stori
o'i ganol hyd ei waelod,
a phrawf o'r hyn fu rhyngom
yn cuddio mewn hen dywod.

Hen dywod traethau ddoe
yn llifo fel atgofion,
dros diroedd ein hieuenctid
lle bu dau
yn crwydro'n rhadlon.

Pob gronyn sydd â'i stori
o'i ddechrau hyd ei ddarfod,
a phrawf o'r hyn fu rhyngom
yn cuddio mewn hen dywod.

ADERYN

Sut y gwyddost ti, aderyn,
am y tonnau mawr ar droed,
ac ei bod hi'n amser gadael
cyn daw'r môr i gipio'r coed?

Sut y gwyddost ti, aderyn,
am y ffordd i ben draw'r byd
heb arwyddion i'th gyfeirio,
dim ond sŵn y mwynder mud?

Sut y gwyddost ti, aderyn,
sut i beintio'r nen mor hardd
yn dy ddawns ac yn dy nodau
sydd yn cynnau awen bardd?

CYDNABYDDIAETHAU

Caneuon
- 'Aderyn' gan Casi & The Blind Harpist, *Sunflower Seeds* (Chess Club Records, 2019).
- 'Tywod' gan Casi & The Blind Harpist (Hunan ryddhawyd, 2019).

Cerddi a gyhoeddwyd yn *Codi Pais*
- 'Emyn', rhifyn Gwanwyn 2019.
- 'Glas', rhifyn Haf 2019.
- 'Modrwy', rhifyn Hydref 2020.
- 'Nefolion', rhifyn Gaeaf 2019.
- 'Sarah Everard', rhifyn Gwanwyn 2023.

Cerddi a gyhoeddwyd ar Instagram @casiwyn
- 'Brianna Ghey', Chwefror 2023.
- 'Cariad yw', 5 Ionawr 2023.
- 'Daeargryn', 12 Chwefror 2023.
- 'Dyma fy enw', 19 Hydref 2023.
- 'Rihanna', 13 Chwefror 2023.
- 'Dwynwen, wyt ti'n cofio?', 25 Ionawr 2023.
- 'Gweithred nid Gweddi', 26 Mai 2023.
- 'Mae 'nhad', 5 Medi 2023.
- 'Ralph Yarl', 18 Ebrill 2023.
- 'Tanau Efrog Newydd', 15 Mehefin 2023.

Cerddi a berfformiwyd

Perfformiwyd 'Rhyddid' gyda Gorilla Circus yn Eisteddfod Genedlaethol Tregaron, 2022 ac ysgrifennwyd 'WhatsAppio Duw' ar gyfer Rhaglen Maes B: Merched yn Gwneud Miwsig, 2021.

Cerddi a fenthycwyd
- Dewi Emrys, 'Y Gorwel', *Cyfansoddiadau Eisteddfod Genedlaethol Bae Colwyn*, 1947.
- Dic Jones, 'Gwanwyn', *Storom Awst* (Gomer, 1978).
- Gwenallt, 'Cymru', *Ysgubau'r Awen* (Gwasg Gomer, 1939).

HEFYD YN Y GYFRES

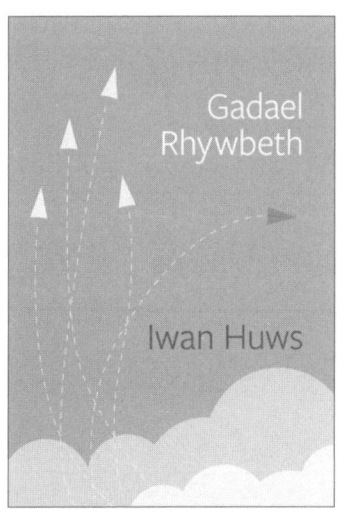

Gadael Rhywbeth

Iwan Huws

Ar Ddisberod

Elan Grug Muse

Ni Bia'r Awyr
Guto Dafydd

Storm ar Wyneb yr Haul
Llŷr Gwyn Lewis

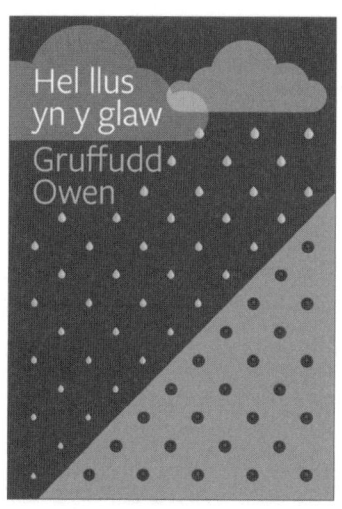

Hel Llus yn y Glaw
Gruffudd Owen

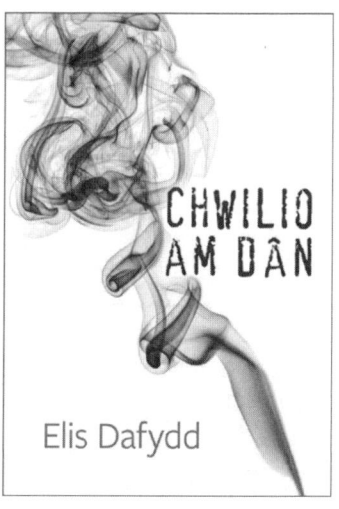

Chwilio am Dân
Elis Dafydd

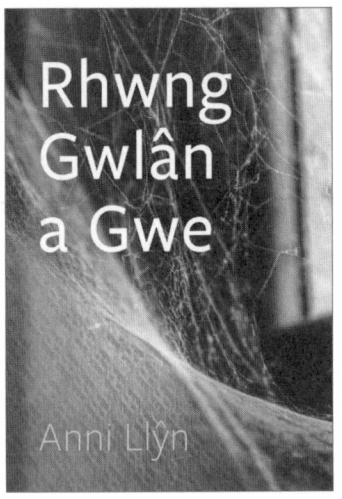

Eiliad ac Einioes

Casia William

Rhwng Gwlân a Gwe

Anni Llŷn

Y Lôn Hir Iawn
Osian Wyn Owen

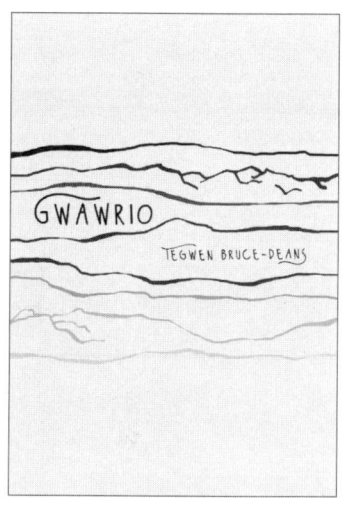

Gwawrio
Tegwen Bruce-Deans

Cyhoeddiadau
barddas